U0650289

解决冲突的关键技巧

[美] 达纳·卡斯帕森（Dana Caspersen）◎著

刘林波◎译

湖南文艺出版社
HUNAN LITERATURE AND ART PUBLISHING HOUSE

博集天卷
CS-BOOKY

Copyright © 2014 by Dana Caspersen and Joost Elffers
All rights reserved including the right of reproduction in whole or in part in any form.
This edition published by arrangement with the Penguin Books, an imprint of Penguin Publishing
Group, a division of Penguin Random House LLC.

©中南博集天卷文化传媒有限公司。本书版权受法律保护。未经权利人许可，任何人不得以任何方式使用本书包括正文、插图、封面、版式等任何部分内容，违者将受到法律制裁。

著作权合同登记号：图字 18-2022-028

图书在版编目（CIP）数据

解决冲突的关键技巧 /（美）达纳·卡斯帕森
（Dana Caspersen）著；刘林波译 . -- 长沙：湖南文艺
出版社，2022.5
书名原文：Changing the Conversation
ISBN 978-7-5726-0610-6

Ⅰ . ①解… Ⅱ . ①达… ②刘… Ⅲ . ①人际关系学—
通俗读物Ⅳ . ① C912.11-49

中国版本图书馆 CIP 数据核字（2022）第 045411 号

上架建议：畅销·人际沟通

JIEJUE CHONGTU DE GUANJIAN JIQIAO
解决冲突的关键技巧

作　　　者：［美］达纳·卡斯帕森（Dana Caspersen）
译　　　者：刘林波
出 版 人：曾赛丰
责任编辑：刘雪琳
监　　制：于向勇
策划编辑：刘洁丽
文字编辑：王成成　张妍文
营销编辑：段海洋　时宇飞
版权支持：张雪珂
封面设计：末末美书
版式设计：李　洁
内文排版：麦莫瑞
出　　版：湖南文艺出版社
　　　　　（长沙市雨花区东二环一段 508 号　邮编：410014）
网　　址：www.hnwy.net
印　　刷：三河市中晟雅豪印务有限公司
经　　销：新华书店
开　　本：875 mm × 1230 mm　1/32
字　　数：145 千字
印　　张：8.25
版　　次：2022 年 5 月第 1 版
印　　次：2022 年 5 月第 1 次印刷
书　　号：ISBN 978-7-5726-0610-6
定　　价：48.00 元

若有质量问题，请致电质量监督电话：010-59096394
团购电话：010-59320018

目 录
Contents

改变对话 147

推进解决 207

CONFLICT

冲突

你无法改变别人在冲突中的表现，
通常，你也无法避免冲突。

但，
你可以改变
自己的表现。

灵活运用书中所提到的方法，

你就可以
提高自己的
沟通能力。

当你提升了你的沟通能力，

你就可以
解决生活中
遇到的各种冲突。

本书将提供

17 个解决冲突的
关键技巧

当你处于社交困境时，
这些技巧会非常有效。

把冲突当作一次机遇

本书中的沟通技巧能够帮助人们改变冲突中的表达方式。它们能够提供一种由内而外地解决冲突的方法，并且最终让冲突的双方都满意。这些技巧鼓励人们把冲突当作一次机遇。这会让我们意识到，我们能唤起自己的好奇心和勇气，走出不断攻防的死循环，更优雅、更有技巧地去解决冲突。

无论你是否按照章节顺序阅读这本书，我都建议你花时间做一些练习。有效解决冲突的能力重在实践应用，任何想要拥有这种能力的人都可以参照本书做一些练习。

冲突有它潜在的价值，也是生活中不可避免的一部分。

当然，破坏性冲突除外。

反 向 原 则
"绝对不要这么做"清单

这会阻碍你有效聆听和表达

1. 只关注对话中的攻击性信息，忽视对方表达的其他信息。

2. 攻击对方，让冲突变得更具破坏性和持续性。

3. 激怒对方，让他表现出糟糕的一面。

4. 把需求、利益诉求和行动计划混为一谈。

5. 无视自己的情绪，或是用破坏性的方式把它们表现出来。

6. 觉得确认就代表同意，因此不敢确认对方的任何观点。

7. 总是在提建议，而不好好倾听。

8. 评判他人，并且把自己的主观意见强加给他人。

9. 根据自己的假设行事，但不验证这些假设的真实性。

这会进一步升级冲突的破坏性

10. 立场强硬，拒绝其他观点。

11. 认为当前的沟通是毫无价值的。

12. 忽视自己该承担的责任，让事情变得更糟。

13. 把过错归咎于他人，而不去全面了解情况。

这会妨碍事情向好的方向发展

14. 否认冲突，和错误的人沟通，逃避真正的问题。

15. 认为没有更好的解决方案，即使对现有方案不满意，也勉强接受。

16. 达成模糊的共识，或者根本未达成一致的意见。

17. 忽略未来发生冲突的可能性，并且没有准备应对突发事件的方案。

"你需要这么做"清单

有效聆听与好好说话

1. 不要只听攻击性的话，听听对方的话中话。

2. 忍住攻击对方的冲动，改变谈话方式。

3. 假设自己在和最佳状态下的对方沟通。

4. 把需求、利益诉求和行动计划区分开。

5. 正视自己的情绪，把它们视为信号。

6. 学会区分确认与同意。

7. 当他人在说话时，不要提建议。

8. 避免主观评判，多讲客观事实。

9. 验证你的假设。如果证明你的假设是错的，那就放弃它们。

改变对话

10. 发生冲突时，多想想为什么。

11. 相信双方还能有效沟通，哪怕看起来不太可能。

12. 如果你正在让事情变得更糟，停下来。

13. 弄清楚当前的情况，而不是追究是谁的过错。

推进解决

14. 承认冲突，找到对的人沟通核心问题。

15. 相信还有其他选择，找到双方都能接受的方案。

16. 达成共识，并且明确可能发生的改变。

17. 预判风险，并做好应对冲突的方案。

FACILITATE

解决冲突的关键技巧

如何增加你的有效社交

LISTENING AND SPEAKING

有效聆听与好好说话

玛丽祖母曾经教导我，如果织毛衣的时候，毛线缠成了一团，要想解开它，只抽出一根线的做法是错误的。毛线结里的线相互缠绕，错综复杂，如果只抽出一根线，会让整个结缠绕得更复杂、更难解。

在你找到解开毛线结的有效方法之前，你需要先琢磨一下这些线是怎么缠在一起的。

起初，我试着从一根线入手，我以为只要这根线解开了，那么整个结就会随之散开。然而事与愿违，我看着眼前这个结缠得越来越紧，越来越复杂，最后，我不得不用剪刀把它剪开。

有一天，我厌倦了总是发生这种情况，于是尝试了祖母建议的方法。我开始观察整个毛线结，思考该怎样解开它。

我试着去弄明白它为什么缠绕成了一个结。

在遇到冲突时，我们都忍不住想用看起来最简单的方法去解决冲突，也就是，想要先从这种复杂的情境中脱离出来，而不想去搞清楚冲突形成的原因及构成因素。这些情境包括：我们不喜欢、不认同或不理解的人或事。因为它们会给我们带来麻烦。人们相信，只要让自己远离那些讨厌的情境，问题就会迎刃而解。

　　但是，这种方法并不奏效。我们需要了解清楚他人的情况，才能找到解决冲突的办法。至于我们是否喜欢他们、认同他们、理解他们，这都不重要。了解对方那些与我们相关的情况，能够帮助我们发现产生冲突的原因，并且帮助我们去探索可以采用什么样的方案来有效解决冲突。

从"我确定"转向"我好奇"

👍 搞清楚到底是怎么回事

你即使认为自己已经了解了整个情况，也不妨问问其他相关人员身上发生了什么事。这并不是说你要一直坐在那里，听别人指责你做错了什么。你要做的就是让他们告诉你，他们经历了什么，对他们来说什么是最重要的，为什么那些事这么重要。然后，你尽可能清晰、准确、客观地把你的具体情况也告诉他们。

当然，在复杂难解的冲突情境中，开启或维持一段有效的对话似乎是不可能的。我们可能会担心，自己会让事情变得更糟，不知道该做什么，或者开始退缩。我们可能会有一个强烈的念头：假装冲突不存在，或是当对方显露出敌意时，便任由敌对状态持续下去。但是，我们并不是只能一直陷在这种破坏性的模式里。

我们可以选择。除了选择冲突模式，让我们的人际关系受到破坏，让我们身陷暴力、错失机会之外，我们也可以选择另一条截然不同的道路。只要用心揣摩，多多实践，我们就能培养出对话的能力和意愿，用一种有效且有益的方式去解决错综复杂的冲突。

我们会发现，冲突将告诉我们什么。

👍 用七个问题开启对话

首先，请从愿意聆听别人的倾诉和愿意向对方袒露心声开始。不管你要面临的是一场平静的对话，还是一场战争般的争执，你第一步要做的是深呼吸，从自说自话、互不相让的争论状态转变为相互倾听、相互理解的对话状态。

在冲突中，人们往往很难好好倾听。当别人在说话时，我们总是在脑海中预演自己接下来要说的话，而不会听对方在说什么。事实上，我们应该认真聆听，并且带着了解情况的目的去问问题。这些问题可以帮助我们发现导致冲突的原因，以及在当前的混乱情境中，是否存在积极转变的可能。

选出对你的冲突情境最有意义的问题，
然后向对方和你自己提问：

1 你怎么看待当前的情境？

2 对你而言，在这种情境下，什么最重要？

3 它为什么很重要？

4 你认为什么样的结果算是好结果？

5 什么会妨碍你实现这个结果？

6 你现在最希望事情怎样发展？

7 为什么这样发展对你很重要？

反向
原则

只关注对话中的攻击性信息，
忽视对方表达的其他信息。

ANTI-PRINCIPLE

原则 1

正向
原则

不要只听攻击性的话，
听听对方的话中话。

PRINCIPLE

这条"不要只听攻击性的话"的原则讨论
的是感知问题：面对冲突时，我们要选择
听什么，如何能有效地倾听别人想要传达
的内容？

我们倾听的方式能够决定我们听到的内容和我们
的感受，也能决定事情接下来的走向。

冲突双方往往会相互进攻、防御和反击对方。这
条原则建议我们走出这样的循环，改变我们要听的内
容。意思是说，当我们受到他人的攻击时，我们要学
会不听那些攻击性语言。这并不是天真地鼓励我们去
忽视真正的威胁或恐吓，而是呼吁我们改变对对方的
心理预设。这条原则建议我们注意倾听事情的本质。
多听听对方真正想说什么，哪怕他们说话的态度很
糟糕。

问自己这样一个问题：

如果这句话里没有攻击性，它听起来是怎样的？

　　我希望你尝试这个原则并不是要你发扬美德，做个大善人，为此忽略自己的需求，或者将自己置于危险的境地，而是它真的很有用。"不要只听攻击性的话"会促使我们直接抓住问题的关键和有用的信息，而不是陷入无意义的攻击和反击的恶性循环。我们对他人的攻击有着本能的意识，但如果我们把注意力全都放在这些攻击上，就是将时间浪费在不重要的事情上。想要过滤掉对话中的攻击性信息，我们就得选择另外一种行事方式。

FOCUS ON HEARING THE "WHY"

着重倾听 "为什么"

过滤掉攻击性信息并非易事，这违背了我们的本能反应。但是，如果你的目的是降低冲突的破坏性，并寻求有效解决方案，那么忽略攻击性信息是一个非常有效的办法。

扩大你的关注范围

你要暂时忽略冲突中对方说话的方式和内容，专注于探究 "为什么"，即使此刻的你非常受伤、很愤怒。但越是在这样的时候，你越需要这样做，为了你，也为了对方。

接下来，各举几个攻击性的表述和非攻击
性的表述的例子。

攻击性的表述：

"这有什么意义？反正我说的话你从来都听不进去。"

"移民们正在夺走所有的工作机会和资源。"

"如果你真正在乎这所学校里的孩子，你就不会罢工了！"

"我恨你，妈妈，你从来不允许我做任何事。"

"你把孩子接回家的时候，我不想那个女人也在。"

非攻击性的表述:

"我有些非常重要的事要告诉你。希望你能好好听一听。"

"我担心现在的移民政策会让我很难找到工作。"

"我非常担心学校和老师之间的这场冲突会影响孩子们。"

"妈妈，关于我的人生，我需要更多自主权。"

"我怕我们中的任何一方的新恋情会影响到孩子们。"

试想一个关于攻击性表述的句子，并提出
这样的问题：

WHAT IF
I HADN'T
HEARD ATTACK?

"如果我过滤掉那些攻击性信息，

WHAT WOULD
I HAVE HEARD?

那我会听到什么内容？”

提高我们对攻击性语言的"转化"能力，可以缓解当下冲突的激烈程度，帮助我们学会更好地倾听对方。无论我们面对的是家庭纠纷、工作矛盾、邻里纠纷还是国家层面的冲突，这种练习都能为我们提供更好的机会，让我们抓住真正重要的信息，而不仅仅是对方说出口的信息。

试着转化下面这段话的表达，

过滤掉其中的攻击性信息：

　　"你一直在破坏我在孩子们面前的权威。不能因为你没胆量立规矩，你就认为孩子们不需要这些规矩！"

试着这样表达：

"我想我们应该给孩子们设立一些规矩。我担心如果你和我的想法不一致，孩子们会感到很混乱。并且，当我试着给他们设立规矩时，如果你不支持我，我会感到很生气，而且充满挫败感。"

HEAR ATTACK

只关注对话中的攻击性信息

HEAR
INFORMATION

听取关键的信息

反向
原则

攻击对方，让冲突变得更具
破坏性和持续性。

ANTI-PRINCIPLE

正向
原则

忍住攻击对方的冲动，
改变谈话方式。

PRINCIPLE

当双方起冲突的时候，拒绝陷入"攻击—反击"的循环里，这个做法看似有些愚蠢，还可能会让自己陷入被攻击的危险。

　　但是，只要我们忍住向对方发起攻击的冲动，那么即使对方还在继续采用"攻击—反击"的方法，我们也可以改变这场对话的性质。破坏性冲突是一种失败的沟通方式。在冲突中，人们都很想努力表达出对自己非常重要的信息。但他们常常选用了无效的、含糊不清的、伤害性的方式去表达，这会分散他人的注意力，从而偏离沟通的关键点与核心。"忍住攻击对方的冲动"并不意味着我们要放弃保护自己，而是我们可以把沟通的关键点从攻击性的干扰信息聚焦到更重要的本质内容上。

说话不要带有攻击性

　　当你正处在愤怒或恐惧的时候，你会感到强烈的攻击冲动，此时你需要转换思维，忍住这种攻击冲动。不要攻击别人，也不要做小伏低。你可以用完全不同的方式来面对这场冲突。无论冲突有多么混乱，你都要保持大脑的清醒与思维的灵活，明确表达出你认为最重要的内容，但不要去攻击别人。你要试着弄清楚你们为什么站到了对立的立场上，而不是只顾着捍卫自己的立场。

攻击性的表述：

1. 假设你十几岁的孩子没有按照事先的约定完成某件事，你非常愤怒：

> "你到底怎么回事？我跟你说过多少遍，做完饭后要把厨房打扫干净。我真是受够你了，你不仅懒，还不尊重别人。"

2. 假设你和生意合伙人在招聘策略上意见不统一：

> "你一直在招聘跟你类似的人！你难道不知道我们的公司需要发展吗？你根本不知道怎么构建一个高效的团队。这可不是给你选一个酒肉朋友！"

3. 假设你父亲去世了，你和兄弟姐妹在遗产分配上发生了冲突：

> "我真搞不懂你们为什么要把爸爸的房子卖掉！也许这房子对你们而言没有任何意义，但在我看来，这是爸爸留给我们的东西，我不想就这样抛弃它。你们显然理解不了，家庭比金钱更重要！"

非攻击性的表述：

"你做完饭后没有把厨房打扫干净，我很生气，也很失望。我们之前有过约定，我希望你能遵守它。如果你觉得这个约定有什么问题，你可以告诉我。"

"我们来讨论一下招聘新员工的标准。我发现这些新人在技能与观点上，和一些老员工太过相似了。我们的公司如果想要继续发展壮大，就需要多元化的能力和创意才行。"

"我很想念爸爸。一想到要放弃这房子，我就难以接受。我知道，如果我们不卖房子，会面临一些经济困难，但我们一起再坐下来好好讨论一下吧，看看有没有其他能让我们都满意的办法。"

当你发现自己正处于攻击状态时，

试着把下一页的对话补充完整。

把攻击性的话从你要说的话中过滤出来，然后，
用一种你觉得自然的方式把这句话说出来。

当（刺激到我的那件事）发生时，我感觉到（当下的情绪），因为（某项需求或利益）对我来说真的很重要。你愿意（尝试某种可行的做法）吗？

例如：

1. 攻击性的表述

"当【你懒得清理（对人的评价，而非对事件的客观描述）】时，我认为【我有必要在今年剩余的时间里再跟你做个约定（阐述你的行动计划，而不是描述你的感受）】，因为【我不希望你继续做个被宠坏的小孩（阐述你的行动计划和评价，而不是表明你的需求）】。你能【懂事一些（一个不明确的要求）】吗？"

2. 攻击性的表述

"当【你在招聘员工的时候不负责任（对人的评价，而非对事件的客观描述）】时，我想【大喊大叫（阐述你的行动计划，而不是描述你的感受）】，因为【我要你搞清楚状况（阐述你的行动计划和评价，而不是表明你的需求）】。你能【别再像个自私的白痴一样，好歹为公司考虑一次（评价以及不明确的要求）】吗？"

3. 攻击性的表述

"当【我看到你们打算卖掉爸爸辛苦打拼得来的一切（假设对方的意图，而非对事件的客观描述）】时，我感觉【你们只想要钱（假设对方的意图，而不是描述你的感受）】，因为【你们显然不像我这么在乎这个家（将自己的需求伪装成对他人的评价）】。你们能【考虑一下除了自己以外的其他人（一个不明确的要求）】吗？"

1. 非攻击性的表述

"当【我回到家，看到厨房又脏又乱】时，我感到【很生气，也很失望】，因为【对我而言，遵守我们的约定很重要】。你愿意【和我一起回顾一下我们的约定，讨论一下，要怎样做才能避免这种情况再次发生】吗？"

2. 非攻击性的表述

"当【我看到新员工的技能和观点都与老员工非常相似】时，我感到【很沮丧】，因为【我希望公司更加多元化，这样才能长足发展】。你愿意【和我一起讨论一下公司现在的需求以及什么样的人最能满足这些需求】吗？"

3. 非攻击性的表述

"当【我想到爸爸的房子要被卖掉】时，我感到【很难过】，因为【我想尊重爸爸打拼得来的一切，这里的一桌一椅都有爸爸的影子，我想以此作为我和他之间的某种联系】。你们愿意【考虑一下，除了卖房子之外，其他你们能接受的选择】吗？"

为了把冲突转变成一个解决问题的机会，我们得把难以表达的内容讲清楚，注意不要使用攻击性语言。破坏性冲突之所以看似无可避免，那只是因为我们对待冲突有着根深蒂固的反应习惯。

尽管如此，
我们的习惯

也是可以改变的。

ATTACK

攻击对方

INFORM

好好表达

反向
原则

激怒对方，
让他表现出糟糕的一面。

ANTI-PRINCIPLE

原则 3

正向
原则

假设自己在和
最佳状态下的对方沟通。

PRINCIPLE

攻击和防御行为只会引发更多的攻击和防御，而且人们总是会根据我们对待他们的方式来对待我们。所以，你要假设自己在与最好状态下的对方沟通。

你要假设对方此时愿意听你说，也愿意跟你好好沟通。哪怕你觉得对方此时并没有准备好，你也要试一试这个方式。这种假设可以帮助你扭转局势。

例如：

当你假设对方处于糟糕的状态时，你会说：

"我现在不想讨论这件事，因为你肯定会过度反应。"

当你假设对方处于最佳的状态时，你会说：

"我们一起来想想，找出解决这个问题的方法。这对我真的很重要。"

只有你

和与你对话的人

可以解决这场冲突，
并让双方从中获益。

冲突不是靠外部因素就能解决的。如果采取的策略得当，这或许能够推动冲突的解决，但从根本上来说，冲突的过程和结果还是取决于当事人的思维与行动。假设对方愿意和你一起积极地解决问题，在这个前提下，你要和对方好好沟通。

例如：

1.当你假设对方处于糟糕的状态时，你会说：

"算了，反正你永远都不会遵守约定，我都不知道做这样的约定有什么意义。"

当你假设对方处于最佳的状态时，你会说：

"我想确定，这个约定对我们双方都是有意义的，这样它才能继续。"

2.当你假设对方处于糟糕的状态时，你会说：

"你就是个控制狂，我根本没办法跟你合作。"

当你假设对方处于最佳的状态时，你会说：

"我们来聊聊要如何合作完成这个项目。我认为目前的局面对我而言有些失衡。"

不管我们是否愿意，我们都要和对方一起来解决冲突。你要找到切入口与对方有效沟通，如果找不到，就假设它存在。只有先假设他们愿意沟通，你才有可能将这种意愿真正激发出来。

假设对方处于最佳的状态，

试着重新组织这句话：

"我什么都不想再说了，因为你根本听不进去。"

试着这样说：

"如果我对你的工作有一些反馈意见，我要怎么
跟你沟通，才是最有效的？"

PROVOKE ANTAGONISTIC DIALOGUE

激发对抗性沟通

PROVOKE USEFUL DIALOGUE

促成有效对话

反向
原则

把需求、利益诉求
和行动计划混为一谈。

ANTI-PRINCIPLE

正向
原则

把需求、利益诉求和行动
计划区分开。

PRINCIPLE

需求

⬇

利益诉求

⬇

行动计划

我们都有一些基本需求。

我们根据这些需求演变出不同的利益诉求。

我们会选择不同的行动计划去满足这些需求并获

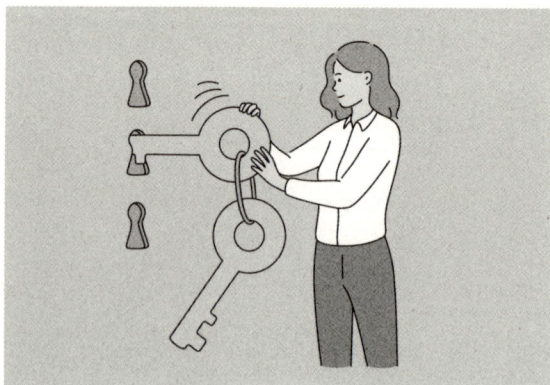

得利益。

需求、利益诉求和行动计划之间相互关联，但它们并不是一回事。满足需求或者获得利益的方法有很多，但**每个人都会选择自己认可的行动计划，并付诸实践。**

　　通常，在冲突的情境中，就算我们不认可他人所采取的行动计划，我们也可以尝试去理解他们的需求和利益诉求。这种理解可以帮助我们找到解决冲突的最佳方案。

每一种行动计划都是为了满足某种需求，
或者获得某种利益。

行动计划 ▶

我打算找一份教师的工作。

我要组织一个读书俱乐部。

我在一个裁缝那里当学徒。

我要搬去孟加拉国。

利益诉求　　▶　　需求

我想做一份有意义的工作。　　实现自我价值。

我想拥有一群朋友。　　拥有群体归属感。

我想学习一项技能。　　进行自我管理。

我想要新的人生体验。　　体验新鲜感。

如果我们为了满足自己的需求和利益所选择的行动计划与他人的行动计划相悖，我们就会与他人产生冲突。

　　我的姑姑南希是一家医院的患者权益辩护人，她给我讲了一个冲突事件，一方是患者的家人，另一方是医院的工作人员。

**从双方的行动计划上来看，
这个冲突是这样的：**

患者家属采取的行动计划是：

"我们需要在病房里生个火。"

医院员工采取的行动计划是：

"我们不允许擅自在医院生火。"

**从双方的需求和利益诉求来看，
这个冲突是这样的：**

患者家属的利益诉求是：

"我们想烧一些草药，这是一种古老的仪式，能帮助我父亲进入另一个世界。"

医院员工的利益诉求是：

"我们想保证医院大楼里每个人的生命安全，不想引发火灾警报。"

首先，从双方的行动计划上来看，患者家属和医院员工陷入了僵局，难以两全。但是，如果从双方的需求和利益诉求出发来考虑这个问题，或许有其他方法可以打破僵局。

搞清楚双方的需求和利益诉求之后，患者家属和医院员工协商出一个可行的方案：在病房的水池里烧东西，这样既保证安全，又能让患者家属为患者举行临终仪式。

有时，我们对自己的行动计划太过执着，以至于忘记了它背后的需求或利益诉求。最终，我们只会为了捍卫各自的行动计划和立场争论不休，而没有扩展思维，寻找更有效的方法来满足双方的需求。如此一来，我们就把解决问题的可能性的范围大大缩小了，**因为我们忽略了最重要的东西。**

在冲突中，你如果感到事态变得越来越混乱，停下来，看看你解决问题的出发点是在行动计划上，还是在需求或利益诉求上。

请注意，能够满足需求或利益诉求的方法有很多，但你如果执着于一种行动计划，那么可选择的范围就缩小了。

以下是错把行动计划当作需求或利益诉求的
事例：

1.错把行动计划当作需求时，你会说：

"我要你每天晚上8点前回家，你每天回来得太
晚了。"

抓住了行动计划背后的实际利益诉求，你会说：

"我希望你好好做完你的家庭作业，并且保证充
足的睡眠。"

2.错把行动计划当作需求时，你会说：

"我们每天晚上轮流做饭。"

抓住了行动计划背后的实际利益诉求，你会说：

"我想要更多可支配的时间。"

但是，我如果不在乎对方的需求会怎样呢？

在冲突中，我们通常不会积极主动地跟对方进行沟通。在这种情况下，你需要明白一点：不要浪费时间去争论双方该采取什么样的行动计划，而要搞清楚双方的需求和利益诉求。你可以不用主动去联系对方，但你必须要有找到解决方案的意愿。

不要因为坚持自己的行动计划或立场，而跟对方起争执。反之，你要帮助对方了解目前对你而言什么最重要，也要搞清楚他们最看重什么。

　　在解决冲突时，我们如果能够找准行动计划背后的需求或利益诉求，那么找到让冲突双方都满意的解决方案的可能性就更大。当人们知道对自己而言真正重要的是什么，他们就会更愿意考虑改变行动计划。

回想一下你的亲身经历，

或是亲眼看见的冲突情境。

你要先搞清楚你或其他人正在采取的行动计划。然后，你再试着找出推动这些行动计划的目的，以及隐藏的需求和利益诉求是什么。

例如：

"我需要自主权"，这是一种**需求**。

"我想要可靠的交通工具"，这是一种**利益诉求**。

"我需要买一辆新车"，这是一种**行动计划**。（车是一种相对有自主权的可靠的交通工具。）

你要花一些时间来练习，才能熟练地做出这样的区分。

但不要放弃！

当你能够熟练地统筹行动计划，轻松地区分需求、利益诉求和行动计划后，你就可以试着在冲突出现时快速找到你和对方的需求与利益诉求了。通常人们总是搞不清楚他们需要什么，试着给出猜测让他们选择判断或是直接询问他们，这样可能会有帮助。

绝对不要直接对他们讲他们的需求和利益诉求是什么，因为你很可能会弄错，从而激怒他们。

换种方式，用**提问**的方法进行猜测。

可以问这种简单的问题：

"那，对你来说，目前最重要的是什么？"

是　| 确保你家人的安全
　　| 找一份有挑战性的工作
　　| 实现你的自我价值　　　　　　　　　| 吗？
　　| 拥有更多的自主权/有趣的生活/亲密关系
　　| ……

你和他人在讨论需求和利益诉求时，**一开始可能会有一些尴尬，但不必担心。**

有时候，人们不愿意直接说出基本需求，此时通过讨论利益诉求来打开沟通局面可能会更容易一些。只要注意不要把焦点放在狭隘的行动计划上，人们就可以通过利益诉求找到背后的需求。

就算你猜错了对方的需求和利益诉求，也没关系。一般来说，**人们也许没法说清楚他们想要什么，但如果你猜错了，他们总会知道的，光是这一点，就能让你进一步了解当前的情况。**

例如：

"你想辞职是因为你想要更多的自主权吗？"

"不是，我希望自己能更多地参与到团队工作中去，但我觉得自己好像被排除在外了。"

"你想在房子中间建一道篱笆，是因为你想要更多的隐私空间？"

"不是，我喜欢和邻居们聊天，我很享受这段时光。但每到晚上我就会很紧张，如果有了篱笆，我会感觉好一些。"

"显然，对于每天早上怎么安排孩子的活动，我们的看法不同。你的重点是什么？你希望安排得更规律吗？"

"不是，我只是不想再讨论这件事。也许我们轮流送孩子们去上课更好，这样我们都能休息一下，也能更好地安排自己的时间。"

你可能经常会猜错。但是，只要你的目的是去发现对方的真实想法，你错了也没关系。

如果你猜对了，人们会让你知道，并且如果他们觉得你在认真倾听，他们很可能也会投桃报李，认真倾听你。

CONFUSE NEEDS, INTERESTS, AND STRATEGIES

把需求、利益诉求

和行动计划混为一谈

DIFFERENTIATE NEEDS, INTERESTS, AND STRATEGIES

把需求、利益诉求

和行动计划区分开

无视自己的情绪，或是用破坏
性的方式把它们表现出来。

ANTI-PRINCIPLE

正向
原则

正视自己的情绪，
把它们视为信号。

PRINCIPLE

三岁的侄子马格努斯给我讲述了一个关于冲突和情绪的故事。

这个故事的冲突焦点是幼儿园的一个橙色杯子，这个杯子特别漂亮，马格努斯非常喜欢它，即便如此，橙色杯子还是被分给了班里的另一个孩子。为了帮助孩子们想通此类的问题，学校里有一种说法："不必难过，人各有命。"但马格努斯紧紧地皱着眉，噘着嘴巴说："可有的时候，我就是会难过。"

就像马格努斯说的那样，情绪是无法选择的。人们如果只关注冲突事件，而不考虑其中蕴含的情绪，则常常会适得其反。情绪并不是造成冲突的根源，它们是一种信号，代表了我们所重视的事物。我们拥有敏锐的感受，这使得情绪能够成为一种信号，准确表明我们是否正在用对的方式解决冲突。

让情绪帮助你

然而，造成冲突的原因错综复杂，往往包括历史、信仰及忠诚等深层原因，而我们很容易被情绪的表象迷惑。为了让情绪帮助我们导航，我们需要了解它们背后隐藏的东西。

你不要只关注情绪本身，或是急于让情绪影响你在冲突中的行为。你要利用情绪帮你看清你所处的整体环境，并搞清楚是什么原因导致了这样的情绪。

承认你的情绪

当你感到愤怒或其他强烈情绪时，你先试着承认你此刻的感受，再去探究它背后的原因。做一个深呼吸，同时问自己这样一个问题：

"为什么我会有
这种感受?
我要怎么做?"

重点不是我们必须得到我们所需要的东西。重点在于,在冲突中,强烈的情绪要么会妨碍我们发现关键信息,要么会帮助我们找到问题的核心。我们面临的挑战是,认真对待情绪,但不要被它吞没。

你把你的情绪与此时你认为重要的事情联系起来，让它帮你开启积极的沟通。你要告诉对方你的感受，不过要注意表达方式，既能让对方知道你的感受，又能让他参与进来，和你一起寻找解决冲突的办法。

例如：

与其说：

"我的天啊！我真不敢相信你又搞砸了，你这个笨蛋！你到底是有什么毛病啊？我真不知道你是怎么得到这份工作的。"

不如试着说：

"我真不敢相信！我很生气，你没有按照你之前说好的那样去做！我为这个项目付出了很多努力，我需要这份工作。我想我们都希望把事情做好，但为什么会出现现在这种情况呢？"

与其说：

"这是我见过的服务最差的医院。向他们咨询时，没人搭理你。就算跟你说话，他们也没有一点礼貌，根本帮不到你。问他们什么都白搭。"

不如试着说：

"他们这么对待我，我很愤怒。工作人员不好沟通，让我觉得很沮丧，而且我还很担心我妈妈。我希望有人能回答我的问题，有谁能帮帮我吗？"

承认他人的情绪

在紧张的冲突中，人们总是想对情绪避而不谈。他们可能认为，这些情绪已经表现得很明显了，不必再对此做过多的讨论；或者认为，关注情绪反而会增加对话的难度。

但是，即便如此，你也要克制冲动，不要说这些评价对方情绪的话，比如：

"哦，你可成熟一点吧！"

或是

"太可笑了。你怎么会有这样的感受？"

或是

"别抱怨了行不行，你太喜欢抱怨了！"

你这样去做，只会促使人们在难以控制的情绪中陷得更深，因为他们的情绪没有被认可。情绪是我们对冲突做出的正常反应，我们要承认这些情绪，并探寻它们背后的原因。

例如：

与其说：

"行啦，别再想了。没什么大不了的，你就是太敏感了。"

不如试着说：

"听起来，这件事确实让你很难过。你觉得最大的难点在哪里？"

与其说：

"你能不能冷静一下？你简直跟个疯子似的。"

不如试着说：

"看起来，这件事让你很生气。你觉得对你来说最重要的是什么？"

谈论对方的情绪时，你也可以说说自己的情绪反应，以便促进双方相互理解。

例如：

与其说：

"哦，现在你还不高兴了？饶了我吧，就算有人该生气，那也是我！我简直不想听你说话。"

不如试着说：

"好吧。你很生气，我很失望。到底发生了什么？对你来说，这是怎么一回事？"

等待对方做出回应，你再说出你自己的感受，比如：

"好吧。在我看来，事情是这样的……"

让对方给你信息

　　由于感受往往比需求更明显，所以，你让对方的情绪帮助你去理解正在发生的事情。如果你不理解对方产生这些情绪的原因，你不妨大胆猜测一下，或者直接问对方，但要注意措辞，要考虑到对方的情绪，并着重询问对方的需求和利益诉求。

　　如果对方能感觉到你在认真地理解他，这一点就能帮助你将冲突向积极的方向转变。

例如：

与其说：

"别给自己加这么多戏。如果你不喜欢我男朋友，你就回你自己的房间去。他又不是你爸爸。"

不如试着说：

"好吧，听起来你对这件事很不高兴。我男朋友待在这里，给你造成的最大困扰是什么？"

与其说：

"你冲我发什么火？我做错了什么？"

不如试着说：

"你看起来很沮丧，是因为我的表现与你预期的不一样吗？"

与其说：

"你听着，我不知道你遇到了什么问题，但你必须打起精神来，把工作做好！"

不如试着说：

"看起来，你在这个项目之外遇到了一些困难，是吗？"

承认对方的情绪，

并且重新组织语言进行沟通。

对方的陈述：

"我们好久没去做什么好玩的事了，你总是忙于工作。"

你的回应：

"真不敢相信，你在因为我的工作而埋怨我。没有钱，我们连日子都过不下去。"

你可以尝试这样回应：

"你是不是很怀念以前我们一起开心出游的时光？我也很怀念。"

SEE EMOTIONS AS OBSTACLES

把情绪当作障碍

SEE EMOTIONS AS HELPFUL SIGNALS

把情绪当作有用的信号

反向
原则

觉得确认就代表同意，因此
不敢确认对方的任何观点。

ANTI-PRINCIPLE

原则 6

正向
原则

学会区分确认与同意。

PRINCIPLE

当人们感到自己的话被别人听进去时，人
们也更愿意去倾听别人，从而推进对话。

就算你完全不赞同一个人所说的话，你也可以
确认他的立场或思维方式。首先，让对方知道你准确
地接收到了对方的信息，然后，你们就可以开始讨
论了。

下面是一些简单的例子：

1. 对方的陈述

"我认为我们不应该租这套公寓，我们付不起
房租。"

你的回应

无确认：

"没事的，别一直担心了。"

有确认：

"所以，你认为这个租金对我们来说太贵了？"

2. 对方的陈述

"我不想让那些孩子在我家草坪上跑来跑去。"

你的回应

无确认：

"有什么问题吗？你不喜欢小孩子吗？他们只是路过你家的草坪而已，不会弄坏什么的。"

有确认：

"好吧，你不喜欢孩子们从你家草坪上走过。他们路过时做了什么吗？还是你只是单纯地不希望有人进入你的地盘？"

确认的作用是让别人知道你已经听清楚了他们的观点，但并不代表你就赞同他们的观点。你确认信息的话越简洁明了，就越能够避免不必要的冲突。注意，你只确认对方的观点，不要回应他言语中的任何攻击。

例如：

对方的陈述：

"核能很安全，别再杞人忧天了。"

你的回应

无确认：

"杞人忧天？如果你认为核能对这个国家的长远利益有好处，那你就是疯了。"

有确认：

"所以你认为，将核能作为国家的一种能源是很合理的。"

在冲突中，确认对方的观点可以帮助双方从各自的立场中暂时抽离出来。你可以从对方的立场出发，从而更理解对方。为此，你可以向对方问清楚，究竟是什么原因让这个立场如此重要。去收集这些信息吧，然后你就能找到准确的解决方案。

例如：

对方的陈述：

"这些道路就不应该向开沙滩车的人开放，他们都是小混混。"

你的回应

无确认：

"这是公共区域，那些开沙滩车的人也有权使用。"

有确认：

"你希望那些道路不要对开沙滩车的人开放，所以，你最在意的事情是什么呢？"

区分确认和同意，
是一种
把别人的想法和
我们的反应
区分开的方法。

例如：

确认但不同意：

1. "好吧，我了解了，我这棵树的枯枝败叶全都落在了你的草坪上，这让你非常生气，你认为把树砍掉是解决问题好办法。"

2. "在你看来，打屁股也是教育孩子的一种方式。"

有人也许会认为这样的确认没有必要，因为对方觉得我们应该听懂了他们的话。但是，在实际冲突中，人们往往会不断重复自己说过的话，因为他们并不确定其他人是否听进去了。

因此，在提出自己的观点之前，你要让对方知道你听懂了他们的话，这样他们就不会反复陈述，然后就可以开始进行真正有效的对话了。

想一想，如何用"确认但不同意"
的方式回应以下内容。

"我不想让彩虹族群靠近我的孩子，他们不应该
当老师，也不应该做神职人员。"

你可以尝试这样回应：

"听起来，你非常不喜欢他们接触你的孩子，尤其不希望他们成为孩子的教导者，是这样吗？你在担心什么？"

IGNORE OR SUPPRESS IDEAS THAT CONFLICT WITH YOUR OWN

忽视或拒绝

那些与你的观点不一致的想法

ACKNOWLEDGE IDEAS THAT CONFLICT WITH YOUR OWN

确认那些与你的观点
不一致的想法

反向
原则

总是在提建议，
而不好好倾听。

ANTI-PRINCIPLE

原则 7

正向
原则

当他人在说话时，
不要提建议。

PRINCIPLE

在冲突中，你越是情绪激动，越要抑制冲
动，不要急着给对方提建议。

请练习聆听

　　在有些情境下，建议只是单纯的建议，或许会有
一定作用。但是，在冲突情境下，如果对方感觉自己
的话没有被很好地聆听，他们就会将你提出的建议解
读为一种蔑视——他们会认为，你打断了他们要讲的
重点，或者认为你不相信他们能自行解决问题。

在你提出建议之前，想一想你要这么做的原因。

即便你完全出于善意，你在冲突情境下给出的建议也很可能毫无帮助，甚至会起到反作用。

在冲突情境下提出建议可能会被视为一种不想继续听下去的反应，一种试图操纵或纠正他人的方式，或一种贬低对方需求的行为。

不要试图去纠正对方，或是给对方提建议，而要借助提问的方式来帮助对方梳理事情的进展。

例如：

对方的陈述

"这件事让我压力很大，但我没法跟你说。你总是在逃避。"

你的回应

不聆听，只给出建议：

1. "听我说，你如果能把那个蠢工作辞了，就什么问题都没有了。"
2. "要不你出去走走吧？别再抱怨个没完。"
3. "这不是我的问题，行吗？你得振作起来。也许你需要一个心理咨询师。"

聆听，但不给建议：

1. "我在呢，你想聊些什么？"
2. "对你来说，最有压力的事情是什么？"

PRACTICE

练习

LISTENING

聇听

设想一下这种情境：

　　你的爱人面临两个新的机会：一个是现有公司的晋升机会，另一个是在其他城市的工作机会。他想去另一个城市工作，希望你也搬到那里去。这代表你要放弃自己现有的工作，并且远离父母。

　　你的爱人说，他一直都很支持你，现在他需要你的支持。

　　试着提一些问题，帮助对方梳理他内心真正的想法，从而确认对方的立场。**注意，不要给出建议。**

你可以这样问:

"听起来，你已经做好了改变现状的准备。再跟我多讲讲那个工作的相关信息，什么原因让你对它这么感兴趣？"

或是:

"听起来，过去这几年，为了支持我，你一直心甘情愿地留在这座城市，但这样一来，你其实没有机会去做你真正想做的事情，对吗？"

MAKE SUGGESTIONS WITHOUT LISTENING

不聆听就给出建议

LISTEN WITHOUT MAKING SUGGESTIONS

认真聆听，

但不随便给出建议

反向
原则

评判他人，并且把自己的
主观意见强加给他人。

ANTI-PRINCIPLE

原则 8

正向
原则

避免主观评判，
多讲客观事实。

PRINCIPLE

沟通的时候，评判对方往往会激发对方的防御意识，从而妨碍我们接收隐藏的重要信息。所以，你一定要避免这种行为。

重点是，你要搞清楚当下的情形。

例如：

1.评判对方：

"你老是迟到。"

描述客观事实：

"你来迟了，前三次会议你都错过了。"

2.评判对方：

"你太不负责任了。我压根不能相信你。"

描述客观事实：

"你说好要十点到家的，现在都十一点了。"

3.评判对方：

"这家公司的政策有性别歧视。"

描述客观事实：

"这家公司的高级管理层中只有两名女性。"

4.评判对方：

"你是个浑蛋。"

描述客观事实：

"每次我想说话时，你就打断我。"

AVOID TELLING PEOPLE WHAT THEY "ARE".

不要评判别人"怎么样"。

INSTEAD, DESCRIBE HOW THEIR ACTIONS AFFECT YOU.

反之，只客观描述
他们的行为对你造成了什么影响。

你要控制住想评判他人的冲动，哪怕你认为自己的评判是对的。评判他人，只会让局势更加紧张，而不能促进双方的相互理解。

反之，你只需要客观描述事实，并表明你的真实感受。清楚地表达出，这种情况为什么让你特别愤怒。你要准确地描述出对方的行为如何影响了你，以及为什么会造成这种影响。

不要用指责、埋怨或贴标签的方式来评判对方。
你如果能做到这一点，就能为双方的沟通留有余地，使双方都能保持好的心态去解决冲突，而不会陷入"攻击—防御"的思维里。

例如：

1.评判对方：

"你这个贱人，你总是给我找麻烦。"

描述客观事实和个人感受：

"你今天早上当着大家的面对我大喊大叫。我很讨厌这样。如果有什么问题，你可以私下跟我聊。"

2.评判对方：

"你根本就不知道什么是职业道德，你能待在这里，真是撞了大运。"

描述客观事实和个人感受：

"你答应我要完成五个项目，结果只完成了一个。我当初冒险雇用你，但这不是我想看到的结果。"

3.评判对方：

"我真不知道为什么要相信你，你完全不守信用。"

描述客观事实和个人感受：

"你没有按时回家，我很担心你。同时，我也因为你没有遵守你的承诺而感到非常生气。"

试着重新组织下面这句话，

从评判对方转变为描述客观事实和个人感受。

"很明显，你太自私了，根本没有意识到这栋楼里的其他人都得上班，大家不想没日没夜地听你放音乐。"

"早上五点，我就得起床去上班。这一周以来，你每天放音乐到凌晨一点，传出的声音让人根本无法入睡。睡眠不足让我每天都疲惫不堪。我想和你商量一下，关于你放音乐的时间段，我们做个约定吧。"

OFFER
EVALUATION

对他人做出评判

OFFER OBSERVATION AND EXPERIENCE

向对方描述客观事实和个人感受

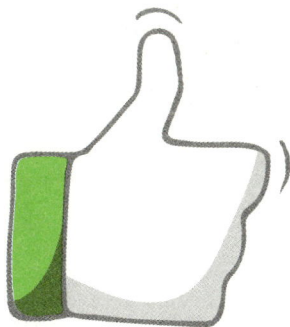

根据自己的假设行事，但不
验证这些假设的真实性。

ANTI-PRINCIPLE

原则 9

正向
原则

验证你的假设。
如果证明你的假设是错的，
那就放弃它们。

PRINCIPLE

如此清醒的意识也是一种梦境，

而梦境受到客观现实的影响。

　　——[美]奥利弗·萨克斯[1]

　　《火星上的人类学家》

　　我的侄女们蜷在被子里，听我给她们讲仙女的故事。忽然，故事出现了一个始料未及的转折：仙女们把说谎的孩子们带到沼泽地淹死了。"这是真的吗？"埃米莉皱着眉头问道，"我不希望这样。"

1　奥利弗·萨克斯（Oliver Sacks），经验丰富的神经病学专家，在医学和文学领域均享有盛誉。他擅长以纪实文学的形式、充满人文关怀的笔触，将脑神经病人的临床案例写成一个个深刻感人的故事。——译者注

我们的生活离不开故事。生活中充满了成功与失败，创造新事物，以及适应新事物等各种事件，我们的大脑将纷繁的信息片段整合为一个连贯的整体。正如埃米莉所指出的那样，有些故事不是真的，但有些故事我们希望它们不是真的，但它们又确实是真的。如果不加以分辨、求证，我们很难简单判断哪个是真，哪个是假。但在冲突中，我们常常不做调查，直接假设，这样一来，我们构建出的故事就是建立在静态的、片面的信息上的。

我们总是假设自己理解别人的感受、意图和性格，并且总是根据自己的假设采取行动。我们总是选择性地听取别人说的话，只关注那些支持自己观点的信息，从而更加强化我们的假设。

然而，
我们的假设往往
是错误的。

过度依赖假设，会阻碍人与人之间的相互理解，还会阻碍人们找到行之有效的办法。试试别的方式吧。好好回顾一下你的假设，想想它们如何影响了你对待他人的反应。为了避免不必要的混乱和痛苦，你不要轻易信赖自己的假设，而要去检验它们。

　　请找出事实的真相。

你如果发现你的假设是错误的，

那就放弃它们。

提一些简单的问题，比如：

"在我看来，你似乎不喜欢女性来担任这个职位，是这样吗？"

"我猜，你主要是想用最低的成本把它修好，对吗？"

"我猜，你不想讨论这个问题是因为你不同意我的看法，是这样吗？"

思考下面这句话，

把它重新组织成一个待验证假设的问题：

"很明显，你认为这个项目就是在浪费时间，而且你已经准备放弃这个项目了。"

"我能感觉到，你认为这个项目不值得做，是这样吗？"

ASSUME YOU ARE RIGHT

假设你是对的

TEST YOUR ASSUMPTIONS

验证你的假设

CHANGE

解决冲突的关键技巧

如何增加你的有效社交

THE CONVER- SATION

改变对话

有一年夏天，我正在清理一条林中的小路，路上有一大堆被推土机推来的树桩和泥土，杂乱地缠在一起，我得试着把它搬走。在这个过程中，我发现了两件事。第一，就算我把露在泥土外面的树枝和树根都砍断，这堆东西还是杂乱的一团。第二，如果我想从泥团里拽出一根树桩，却并不知道它还缠着泥地里的什么，我搞了半天只是白费力气。

经过反复尝试，我发现了这两个方法都无济于事，只好停下来了。

我开始从另一个角度来观察那些纠缠在一起的树桩和泥土。

我发现，露在泥土外面的树枝和树根为眼前的杂乱指明了一条道路。如果顺着它们继续挖，我就会找到问题的核心，这比盲目地挖走堆在上面的几百磅[1]泥土简单多了。当我这么做时，我发现就是树根和树枝把泥土缠在一起的。只要把它们分开，事情处理起来就容易多了。

冲突中的复杂局势往往也是这样被掩盖了。因此，人们只想着去处理明显的冲突信号，然后假装什么都没发生，或者是在不了解情况的时候，强行采取行动。然而，无论是逃避，还是采取鲁莽的行动，都只会激化矛盾或升级冲突，而造成冲突的根本原因则被忽视了。

当我们听不进对方的话，只想按自己的想法行事，或者执着于证明别人的决定是错的，这时，我们需要换一条思路，放下偏见，去探索和求证，找到隐藏的问题核心。

如果我们带着好奇心去审视那些"看起来最困难"的部分，我们就会发现它其实并不难，当前局势也并非如此紧张。

1　英制质量单位。1磅=0.4536千克。——编者注

反向
原则

立场强硬，
拒绝其他观点。

ANTI-PRINCIPLE

原则 10

正向
原则

发生冲突时，
多想想为什么。

PRINCIPLE

在困境中保持好奇心是一种技能，需要反复练习。好奇心会让你哪怕在面对愤怒和恐惧时，仍然能够问出这些问题：

"这到底是怎么回事？还有什么是我没弄明白的？"

强烈而持久的好奇心能够带来巨大的改变。它能让我们从冲突中看到其他可能性。然而，在紧张的冲突中，我们的第一反应往往是丢掉好奇心。如果是这样，我们就不会再试图理解对方，而更想看到他们受伤，忘了其实自己和他们息息相关。这会让我们与对方离得越来越远。

其实，我们可以换一种心态，对情境和他人保持一种持久的、睿智的好奇心，哪怕我们其实并不好奇。

这并不是要你把自己放在一个容易受伤害的情境中，也不是要你与他人假装亲密。"在困境中培养好奇心"指的是，如果我们具备这种能力，我们会尽可能详细地去了解冲突中的方方面面，而不仅仅是显而易见的一些信息。这个原则能够帮助我们去面对我们不喜欢、害怕或不赞成的东西，同时学会倾听我们以前听不进去的内容。

例如：

如果没有好奇心，你会说：

1. 我只想让他马上闭嘴。

2.他们太蠢了，根本不关心到底发生了什么。

3.只要他离开，一切就都好了。

4.跟他说话纯粹是浪费时间，他这个人根本没法沟通。

5.他到底有什么毛病啊？怎么能这样对我？

6.他应该……（自行填空）。

如果带着好奇心，你会问：

1.他真正想说的是什么？

2.对他们来说，什么比较重要？这对他们来说有什么意义？

3.有什么是我还没注意到的信息吗？我要做出什么样的决定？

4.我们这场谈话的主要障碍是什么？为什么会有这样的障碍？

5.是什么促使他采取了那样的行动？他需要什么？

6.还有没有其他的办法？

回想一个你认为在家里、
工作中都很常见的冲突。

回想让你极其愤怒的那个场景。

心平气和地回忆，在这个过程中保持觉察，注意你是怎样对对方失去好奇心的，是从什么时候开始的。

注意回想你是如何封闭了自己的思维的：你的身体、你的思想和你的情绪，分别发生了什么变化。

一边想着这些问题，一边做深呼吸，每次呼气的时候，想象你周围的一切都平静下来。

为了唤醒你的好奇心，

向自己提出这几个问题：

1.为什么他会觉得自己的想法有道理？

2.什么原因促使他做出了这些行为？

3.归根结底，他想要或需要什么？

4.造成现在这个局面，有我的责任吗？

5.想要促成一场有效的对话，需要做出怎样的改变？

  注意，当你忍不住想用"因为他是个浑蛋"之类的话时，忍住这种冲动。换种思维方式，选择一种好奇的心态。

ABANDON YOUR CURIOUS MIND

丢掉你的好奇心

STRENGTHEN YOUR CURIOUS MIND

强化你的好奇心

反向
原则

认为当前的沟通
是毫无价值的。

ANTI-PRINCIPLE

正向
原则

相信双方还能有效沟通，
哪怕看起来不太可能。

PRINCIPLE

即使在最糟糕的情况下，我们也有能力促
成有效的对话。

即使在这之前，我们纰漏百出、连连失误，我们
也可以激发自我纠正的能力。"相信双方还能有效沟
通"并不是在鼓励人们忽略现实、痴心妄想。相反，
它是在促使我们去质疑自己是否正在一意孤行、坐井
观天。

想一想，是什么阻碍了你跟对方的有效对话。

从冲突双方的需求出发，想一想，如果要建立有效对话，你需要做出哪些具体的改变。

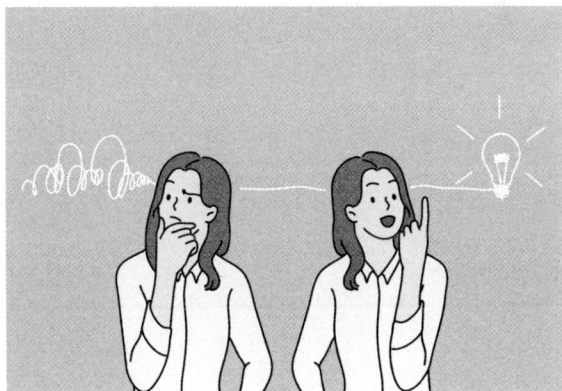

当对话的进展停滞不前时，你想想应该采取什么措施，来促成有效的对话。

阻碍：分工不明

解决办法：明确需要做出哪些决定，以及由谁来做这些决定

明确角色，以便更好地专注于你们的对话。明确谁负责做哪些决定，如果这个决定应该由你来做，你就去承担责任，不要一直举棋不定，并为此责怪别人。如果这个决定不应该由你来做，你就把它交给该负责的人。针对他们的决定，你把你的意见表达清楚，而不要试图控制他们的决定。如果你觉得大家的角色要对调，你就把它作为一个明确的议题提出来，大家一起讨论。

例如：

如果一个朋友已经在你家住了几个月，你可以要求他分摊租金，但"是否支付一部分租金"则由你朋友自己做决定。你要做的是对此做出你的回应。我们要认识到每个人都有自己的责任和权利，这很重要。承认每个人都必须做出自己的决定，是一种尊重他人的姿态，这样就可以让复杂的局面变得清晰，让困境趋于和缓。

阻碍：双方都不愿让步

解决办法：将谈话的重点从行动计划转向需求

你们如果暂时没法明确问题的解决方案或你们各自的立场，就把讨论的焦点转移到双方的需求上。退后一步，你看看是否理解了对方最关注的问题。同时，你确保已经表明自己的需求。你如果发现自己正步步紧逼，抓着某一个解决方案或自己的立场不放，就暂且放松一下，对你的行动计划做进一步的调整。

反复争辩只会让双方更加坚守各自的立场，但围绕需求进行对话则会让局面有所改变。

试着问这样的问题：

"关于在附近建一个戒毒中心的提议，你能再详细说说你的关注点是什么吗？"

或是：

"所以，听起来你确实不赞成当孩子们在家的时候，我带新恋人来过夜。你最担心的是什么？"

阻碍：观念上的冲突

解决办法：展开更广泛的对话

如果冲突源于双方都有强烈的信念，你就要避免围绕信念本身进行争论。你要将对话引向其他方向，询问人们的经历，了解这些经历如何塑造了他们的信念，从而让谈话范围变得更广。

例如：

1. "我们在讨论到孩子应该接受什么样的教育时，会涉及很多问题。在你看来，核心问题是什么？"

2. "对于改变分区以收取更高租金的建议，你似乎担心这样会对社区不利。能说说你的相关经验吗？为什么你会有这样的担心？"

3. "所以，关于我们应该为将来存多少钱，我们有不一样的看法。在财务问题上，你认为我们应该如何权衡各项花销的优先级呢？"

阻碍：冲突来源于群体同一性[1]

解决办法：把冲突和对群体的忠诚区分开，增进彼此的相互了解

有时候，人们之所以会有冲突，是因为群体同一性。各类群体总会在"别人"和"自己人"之间画出界线。特别是在群体间产生的长期冲突中，人们会担心群体内的其他人可能会把解决问题的行为视为一种对群体的背叛。

👍 **积极的行动方法：**

如果可以，请开诚布公地讨论这个问题。聊一聊，如果大家拒不进行沟通，可能会带来什么样的破坏性后果。同时，你们也要承认连接群体成员间最重要的关系纽带，把这些关系与冲突本身区分开来。

---

[1] 群体同一性（group identity），指群体的成员希望与群体理想保持一致的内在保持感和对群体的归属感。——译者注

　　"这个问题对我们来说很重要。在某种程度上，它决定了我们这个群体的性质。我们之中有一些人认为，与另一方对话，就是背叛了我们的立场。我理解大家都渴望我们能坚定立场。但与此同时，为了找到解决方案，我们需要就这个问题与另一方进行交谈。从长远来看，不进行这种对话可能会给我们造成损失。我想确保另一方的理解，告诉他们，我们为什么会持有现在的立场；我也想更好地了解他们在想什么，为什么会那么想。

　　"你们觉得怎么样，如果要实现这样的对话，我们应该做些什么？"

阻碍：人们害怕丢脸

解决办法：营造包容的氛围

通常情况下，人们需要确保，就算他们改变方向或改变立场也仍然会受到尊重和信任。所以，你们要把重点放在寻找解决方案上，不要让任何人感到尴尬或是有丢了面子想要扳回一城的冲动，要避免人身攻击。

营造出一种包容的氛围，让人们可以自由地放弃原有的行动计划，继而寻找其他的方案。你们需要着重针对某个计划的特点进行讨论，评估它可以达到什么效果，以及不能达到什么效果；而不要对整个行动计划定性。确保对方知道，你能理解他们为何支持这个计划。将这些支持的原因作为有效且重要的信息记录下来，能帮助你们找到更有效的解决方案。

例如：

对方的陈述：

"如果不给我找个助理，我就没办法维护好这些新客户。"

不顾及对方的回应：

"哦？你想要个助理？行，等着吧。你以为这里只有你一个人忙不过来吗？等我们有钱了，我会通知你的！"

保全对方颜面的回应：

"我同意，维护好新客户是首要的任务。除了雇个新助理，你还有什么其他的办法吗？我们暂时没有这方面的预算。"

阻碍：缺乏信任

解决办法：将疑虑变成约定

　　如果冲突双方难以相互信任，那就开诚布公地讨论一下，如何将疑虑变成双方都认可的约定。

👍 **在正式的场合，可以这样说：**

"看来我们都希望今后能好好执行今天达成的协议。我们可以把各自担心的问题写下来，针对这些问题，在协议中增加一些保证条款。"

👍 **在私人的场合，可以这样说：**

"听起来好像你在担心，我们达成的协议可能不会真正实施。是这样吗？我们来讨论一下吧，还有哪些不确定的地方，以及我们还能做些什么让我们都能更安心。"

想一想

怎样才能促进有效对话。

问自己以下几个问题：

1. "我是否愿意进行有效对话？对方也愿意吗？"

2. "如果双方都不愿意，那么，为了让我们双方都能愿意，我们还需要做些什么样的改变？"

3. "是什么让我们难以进行有效的对话？"

4. "要想实现有效对话，我们还需要做出哪些改变？"

我们应排除要别人改变其个性的答案。

IGNORE THE POSSIBILITY OF USEFUL DIALOGUE

无视有效对话的可能性

PURSUE THE POSSIBILITY OF USEFUL DIALOGUE

追求有效对话的可能性

反向
原则

忽视自己该承担的责任，
让事情变得更糟。

ANTI-PRINCIPLE

正向
原则

如果你正在让事情
变得更糟，停下来。

PRINCIPLE

佛教有一种说法：厌离心是智慧的根基。
也就是说，对那些有害无益的习惯，我
们终将感到厌倦，而这将有助于我们做出
改变。

在冲突中改变我们的习惯需要付出很大的努力，
我们不仅要抛开对之前事态发展的偏见，还需要下定
决心去改变，然后付诸行动。

有时我们对冲突的反应如此根深蒂固，以至于根
本无法改变。但是，我们处理冲突的方式并不是人类
本性的一部分，而是一种后天习得的行为。**我们可以
改变它。**

想一想置身于冲突中的主要目的：你最根本的需
求和利益诉求是什么？问问你自己，你的行动与目标
是否一致？如果不一致，就选择其他的行动计划。

例如：

一位母亲和她十几岁的孩子因起床上学而发生了冲突，我们来分析一下在这场冲突中，这位母亲的言行与她的主要目标：

主要目标：

用轻松愉快的早晨开启一天的生活，让每个人都能准时到达各自该去的地方。

言行：

"你能起床吗？别跟个五岁小孩一样！我烦死了，我都要被你逼疯了！"（充满了攻击和指责）

可能导致的结果：

这场冲突变得更激烈了。孩子很生气，被激发出了反抗心理。母亲没有找到解决办法，孩子按时出门去上学的可能性变得更低了。

有时，无效的行动会让我们感到暂时的满足感。试着总结出这些无效行动，并有意识地用其他方案来代替它们。回过头再看一看本书开头罗列的"绝对不要这么做"清单，如果你的行动符合其中任何一条，你就立刻停下来，改变行为。

在这场冲突中，一旦母亲注意到她选择了一种带有责备和攻击性的方式，她就可以有意识地调整方式，改变对话。她可以停止责备和攻击，采用相反的策略——询问和倾听孩子的需求，再表明自己的需求，从而找到可行的解决办法。

例如：

"所以，你觉得很难按时起床去上学，是吗？那我们来讨论一下怎样能让这事更容易一些吧。我希望我们能用一种愉快的方式开启早晨的时光。是什么原因让你不想起床？要解决这个问题，我们要做什么样的改变？我能为此做些什么，以及你还能做些什么努力？"

我们可以改变自己在冲突中的表现。这似乎任重而道远，但我们可以每次先尝试走一小步。改变习惯是一个过程，它不是单一性事件，而是由一系列的决定组成的。我们每天都在决定如何倾听和融入这个世界，经过一次又一次的努力，我们最终可以自如地停止一种行为，继而开始另一种行为。

WE CAN CHANGE

我们可以改变

WHAT

WE DO.

我们的行为。

想一想你在冲突中做了什么，
没有做什么。

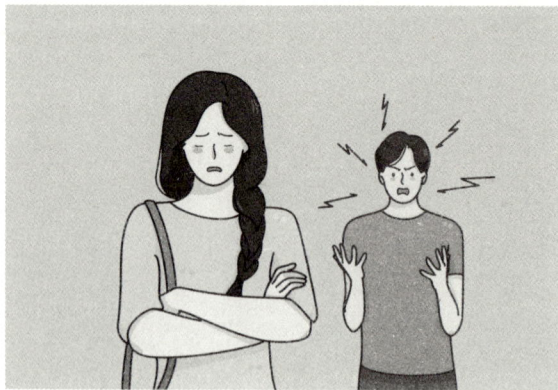

问问你自己：

1. "我有没有阻碍这场对话变得更具建设性？我有没有让冲突以一种破坏性的方式升级？"

2. "我是否妨碍了一份很有价值的协议的达成？"

3. "我是不是在逃避一些很困难但又十分重要的对话？是不是我造成了彼此间的隔阂，从而加深了对话的难度？"

4. "我的行动与我的目标一致吗？"

INHABIT CONFLICT DESTRUC-TIVELY

用一种破坏性的方式解决冲突

INHABIT CONFLICT CONSTRUCTIVELY

以一种建设性的方式解决冲突

反向
原则

把过错归咎于他人，
而不去全面了解情况。

ANTI-PRINCIPLE

正向
原则

弄清楚当前的情况，
而不是追究是谁的过错。

PRINCIPLE

"责备某人"和"确认每个人对问题的责任"是两码事。

一味责备他人会让冲突变得更加混乱，让人们的关注点集中在已发生的事情上。人们无法集中精力去查明事情的真相，以及导致冲突的原因，就难以用发展的眼光讨论问题。

而着眼于每个人应负的责任能够让我们更好地理清冲突，把注意力集中到未来，去找出可行的解决方案。就算是遇到那些喜欢争吵的人，这个方法也行得通。

例如:

以下是一个责备式的对话场景:

对方的陈述:

"那次会议简直就是场灾难,都怪你。你永远都管不住你那该死的嘴。"

你的回应:

"怎么着,只准你说话,就不准别人说?问题明明是,你根本不懂怎么主持会议。"

对方的陈述:

"明明是因为你一直在冲每个人大喊大叫,我才没法主持会议的!"

你的回应:

"不管你怎么说,这些会议就是在浪费时间。"

对方的陈述:

"不,浪费时间只是因为你做事跟个神经病一样。"

你的回应:

"行,以后你自己去开那些会吧,我不去了。"

转变成一个划分责任的对话场景：

对方的陈述：

"会议开成这样真让我感觉很挫败，你看起来也是这样觉得。"

你的回应：

"是啊，完全是在浪费时间，每次都这样。"

对方的陈述：

"我想部分原因是，我没有安排足够的时间让大家发言。还有，我认为你跟他们交流的方式激怒了他们。"

你的回应：

"唉，是的，你完全没给大家说话的机会，于是到最后我只能大喊大叫，想把自己的观点表达清楚。"

对方的陈述：

"好吧，我们来讨论一下，下次能做些什么改变。我保证让大家都有机会发言。还有，我觉得需要制订一些谈话中的基本规则，来应对冲突的局面。你觉得呢？"

你的回应：

"嗯嗯，我想如果我下次再参加会议，肯定不会是今天这样。"

对方的陈述：

"好，我们坐下来聊聊，找出解决办法。"

承担你应
负的责任。

例如：

"你也看到了，我这样事无巨细地管着每个人，让事情变得更糟了。我要重新调整策略，试着退一步。"

只要有一个人的态度从责备别人转向解决问题，那么整个谈话的重心就会发生改变。如果人们能够清楚地意识到，这场对话的目的是提供信息，找出解决方案，满足各自的需求，而不是寻找指责的对象，那么，人们会更愿意讨论自己应负的责任。

👍 明确他人的责任

承担起自己应负的责任并不意味着忽略他人的责任。恰恰相反，你如果不去明确他人的责任，就是在歪曲事实，同时也剥夺了对方积极改变现状的机会。你要清楚地说明你看到的客观事实，以及你的想法和感受，让他们知道，你希望他们做出什么改变，以及为什么希望他们这么做。注意，这个过程中不要夹杂攻击和指责。

例如：

1.责怪对方：

"都是你的错。如果我回家时你不冲我大喊大叫，我也不会气到发疯。你得记住，我下班回家时很累。"

明确对方的责任：

"我刚下班回到家，你就拉着我谈话，我很难给你很好的反馈。我需要先休息10分钟，放松一下，好吗？"

2.责怪对方：

"我没机会把我的想法说出来，因为你从来都不让我说话。你总希望什么都围着你转，从来不听别人说话。"

明确对方的责任：

"我还没来得及解释，你就把我的想法否决了。我的勇气都耗尽了，就没有再尝试。但我希望你能听我把话说完。"

重新组织下面这段话，
不要责备他人。

"你知道我为了赚你的学费卖力工作，有多累吗？因为你，我放弃了自己的生活，而你却浪费了我的时间和血汗钱，去和你那些狐朋狗友聚会！"

"你一直在逃课，成绩也下滑了。我非常重视你的教育，为了让你接受良好的教育，我在辛苦工作。我很生气，因为你并没有专心学习。这是怎么回事？"

BLAME THE OTHER

责备他人

FIGURE OUT WHAT HAPPENED

搞清状况

LOOK

解决冲突的关键技巧

如何增加你的有效社交

FOR WAYS
FORWARD

推进解决

有一次，我想在树林里开辟一条新的小路，好径直穿过茂密的树林和山地。我穿越树林，沿途留下标记，但我总是被断在路中的树干和突然冒出来的小溪挡住去路，然后迷失在灌木丛中，找不到通往目的地的路。后来，我又调整路线，希望能回到原来那个"出发点"。但我发现，无论从哪个角度看，树林的样子都跟我之前路过的不一样，我彻底迷路了。

👍 **后来的某一天，我换了另一种策略。**

我站在出发点上，让我丈夫比尔站在目的地，我们隔空呼唤对方，循着彼此的声音，我们一路穿过沿途的风景，边走边留下记号，直到我们最终会合，这样就开辟了一条新的路。

在冲突中，想要解决问题，我们就需要清楚地知道每个人的出发点，还要认清我们要应对的环境，以及保持一份好奇心。冲突双方发出的"声音"会帮助我们在错综复杂的环境中找到出路，哪怕这些"声音"可能有些讨厌。为了更好地摸清当前的"地形"，我们需要从各自的利益诉求出发，去了解途中的危险和障碍，以及机遇和挑战。

接下来是本书的最后一组原则，它们将为我们提供一些思路，关于我们应该如何采取行动，才能找到有效且持久的解决方案。

反向
原则

否认冲突，
和错误的人沟通，
逃避真正的问题。

ANTI-PRINCIPLE

原则 14

正向
原则

承认冲突，
找到对的人
沟通核心问题。

PRINCIPLE

当冲突得到解决时，潜藏的问题就会暴露在大家面前，从而推动人们去进行有挑战性的对话。冲突如果没有得到解决，潜藏的问题就会继续恶化，迅速升级，给当事人带来长期的挫败感、心理压力和痛苦。

　　面对冲突时，我们常常选择逃避，不想面对真正的问题，为此，我们最常用的方法就是避免与有冲突的一方谈论我们的关注点。恰恰相反，你应该搞清楚谁是真正与你的问题相关的人，直接与他们对话。

　　不要试图通过大喊大叫、背后抱怨或是间接攻击来解决问题，直接把问题拿出来讨论，用一种大家都能接受的方式，客观描述需要讨论的问题，不要描述你目前最想要的结果或是评价对方。

例如：

1.不要这样说：

"现在的问题是，你不知道该怎么当家长。你把孩子们惯得无法无天。"

试着这样说：

"在我看来，现在主要的问题是，当孩子们做出这样的行为时，我们该怎么处理，你是不是也这样认为？"

2.不要这样说：

"我就该马上辞职。很显然，你既不尊重也不欣赏我的工作，而且你还抢走了我所有的功劳。"

试着这样说：

"我想和你谈谈我们在合作中划分功劳的方式。我认为目前的方式并不能反映出我们各自做出的贡献。"

提出具体可行的要求

　　一旦问题被指出来，你要明确你自己的需求和利益诉求，然后提出具体可行的要求。你不要执着于你提出的具体行动计划，而要把注意力集中于隐藏在它背后的需求。对方可能不会同意你提出的行动计划，但你可以提出要求（注意不要攻击、评判或回避对方），这样才能促使对话朝着富有成效的方向进行。

例如：

1.不要这样说：

"别像个疯子一样开车好吗？你会害死我们的。"

试着这样说：

"你开得这么快让我很紧张，你可以把时速控制在70英里[1]以下吗？"

2.不要这样说：

"你又懒又没有责任心。你大学毕业都已经一年了，你以为我会一直养着你吗？"

试着这样说：

"我希望我们的财务分工是公平的。你愿意从现在开始，每月负担一些家庭开销吗？"

双方一旦都明确对彼此而言什么是最重要的，并清晰地知道各自渴望达到的目的，就会更容易搞清楚哪些决定是你要去做的，并且会更自觉地去执行这些决定。

1　时速70英里，约合113千米每小时。——译者注

剖析问题

　　你如果发现目前冲突中有很多个问题，试着列一
个清单，然后每次只讨论其中的一个问题。你要搞清
楚问题之间的联系，优先解决最主要的问题。

例如:

1."看来，现在主要的问题是该怎么决定工资水平，当然，我也知道你一直都很重视部门之间的沟通，也许我们需要先谈谈这个问题？你也这么认为吗？"

2."我觉得现在的主要问题是，我们要怎么分配家务。不过，对于如何保持公寓清洁的问题，我们也存在分歧。我们要不要先讨论各自的分工，然后再确定一个双方都认可的清洁标准？"

试着重新组织下面的话:

1. "指望你理财是不可能的！你花钱简直毫无节制，从现在起，我要掌管家里的财务。"（重新组织语言，不要提及你最想要的行动计划或是对他人的评判。）

2. "刚才跟我们的会计说话时，你表现得太傲慢了。别把我当傻子一样对待。我不像你一样喋喋不休，并不代表我什么都不知道。"（重新提出一个具体可行的要求。）

换一种表达方式：

1. "我想跟你谈谈关于家庭开支的分配问题，我不赞成你的消费方式。"

2. "如果我有不明白的地方，我会问你。我没说话，那是因为我正在思索。请你等我有问题时，再跟我解释。"

KEEP THE PROBLEM UNDEFINED

让问题继续模糊不清

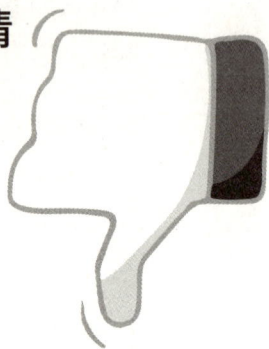

DEFINE THE PROBLEM

把问题搞清楚

认为没有更好的解决方案，
即使对现有方案不满意，也
勉强接受。

ANTI-PRINCIPLE

正向
原则

相信还有其他选择，
找到双方都能接受的方案。

PRINCIPLE

成功的解决方案能够满足相关人员的
需求。

这并不是说必须满足所有人的需求才行。如果你想要一个持久有效的解决方案，那么在一定程度上，这个方案必须能让相关人员都满意。

不要急着做决定。记住——永远还有别的选择，只是还没被发现而已，或许它们可以更好地满足双方的需求。允许提出新想法，把大家建议的行动计划单纯地当作可能性，而不要把它们当作最终解决方案去捍卫或是抗拒。通过这些建议，你要搞清楚每个人最重视什么。

例如：

在一段关于"城市里能否养鸡"的对话中：

提出行动计划：

"政府应该通过一项法令，禁止在城市里养鸡。"

视为一个选项：

"好吧，这是一种选择，你认为市区范围内应该完全禁止养鸡。"

分析利益诉求：

"禁止养鸡有什么具体的好处吗？它能防止什么问题，或是带来什么可能性？"

找出解决方案必须满足的基本需求。

为了激发人们说出自己的想法，以找出有效的解决方案，我们需要搞清楚冲突中的每个人最想要什么。提出问题，想想如何将这些不同的需求和利益诉求结合起来。

例如：

下面是一个冲突情境，冲突双方就一支少年足球队的队员上场的时间发生了分歧，各方的利益诉求如下：

父母

"青少年运动应该致力于教导孩子如何成为更好的人。我希望孩子们的辛苦付出都能得到回报。不论技术如何，他们都能有上场的机会。"

教练

"这是一场竞技比赛，能力是最重要的。我们应该把更多的上场时间留给能帮助球队取胜的球员，这跟队员的训练态度无关。"

聆听你没听过的那些话

与其这么问：

"我们应该让谁上场？"

不如这样问：

"我们要怎么做才能既让球队取得胜利，又能让队员都有上场的机会，激励队员努力训练？怎样才能在队员上场时间的分配上做到这一点？"

我们要先考虑冲突各方的需求，才能提出有效的解决方案。为了找到满足各方需求的解决方案，我们要仔细聆听你没有听过的那些话，而不要只关注你已经知道的东西。

设想下面这个冲突情境，试着提问题，找出未被发现的方案。

父亲：

"很明显，你不可能同时兼顾校篮球队的训练和文化课学习。我要让你退出球队。"

女儿：

"我不会退出球队的，爸爸。我才不在乎成绩呢，反正我可能都不会去上大学。"

"怎样才能做到同时兼顾两者，既能继续在球队训练，又能让学习成绩好呢？我们需要做出哪些改变，才能让这种可能性成真？"

ASSUME ALL OPTIONS ARE KNOWN

认定没有其他的选择

BE CURIOUS ABOUT UNDISCOVERED OPTIONS

对其他的选择保持好奇心

反向
原则

达成模糊的共识，或者
根本未达成一致的意见。

ANTI-PRINCIPLE

正向
原则

达成共识，
并且明确可能发生的改变。

PRINCIPLE

在做决定时，我们要确保每个人都对同一
件事情达成了共识。

请明确说出你们达成一致的所有内容，不要想当
然地以为每个人都已经清楚了，通常并非如此，尤其
当你们面对的是冲突中最难以谈拢的问题时。

当终于就某个问题达成一致意见时，你难免会由衷地感到高兴，继而不想过分纠结在某些还含混不清的细节上，想着船到桥头自然直，但这样做往往会导致后面出现问题。所以你很有必要花时间去逐一确认，看看什么情况下还会出问题，尽可能地让当前的解决方案满足更多人的需求。

　　虽然你可能并不想再次陷入那些纠缠不清的问题，但是，你用不带有任何指责或攻击性的言语去把那些依然含混不清的内容理清楚讲明白，有助于缓解紧张的局势。这会促使你树立新的观念：哪怕是谈论很棘手的问题，只要不带有负面情绪，本着客观态度去沟通，也是可行的。

明确未来的计划

　　一旦找到了可行的解决方案，大家也就都松了口气，就可以开始考虑检测这个方案的有效性。请激发你的好奇心，用简单的语言去沟通。

例如：

在正式的场合，可以这样说：

"我想最后再核实一下这个方案，以确保咱们在所有问题上都达成了共识。"

你要逐步核实你们敲定的方案。如果出现了一个你认为不够清楚的问题，你可以这样说：

"这个问题一直有点敏感，很难讨论出结果。但我想再次核实一下，以确保我们现在达成的共识足够清晰，每个人都对它有充分的了解。"

在私人的场合，可以这样说：

"所以，我们再来核对一遍，确保大家对这个方案都了解得够清楚，好吗？"

为了检查可能隐藏的问题，你可以试着这样说：

"这好像是最难达成共识的部分。我想双方都再核实一下，以确保我们意见一致，你们觉得怎么样？"

随着时间的推移，

情况可能会发生变化。

　　你们也许需要调整之前已经达成共识的方案，或是再找一个新的解决方案。当这种情况发生时，要明确地提出来，并逐一核实确认双方都能接受并理解新的方案。不要想当然。

　　明确划分共识中包含的内容和没有包含的内容，让人们有一种事情清晰明了的感觉，这会给双方都带来安全感。

设想以下场景，

找出核对意见是否统一的方法：

你和一位朋友共用一辆车，在使用时间上出现了冲突。对此，你们进行了讨论，并且达成了共识，从而确定你们分别在哪些时间里可以用车，但没有针对突发情况做过讨论。

　　"我想，我们现在已经很清楚各自可以在什么时候用车了。车周一和周四全天由我开，其他时间都归你，对吧？

　　"现在，咱们来讨论一下，如果发生了突发情况，你或者我急需在对方的使用时间里用车，这时应该怎么办？"

MAKE VAGUE AGREEMENTS

达成含糊不清的共识

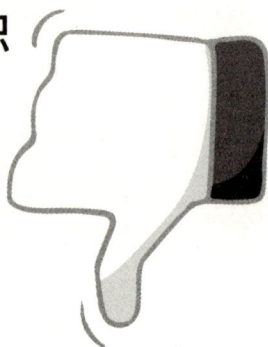

MAKE CLEAR AGREEMENTS

达成清晰明确的共识

反向
原则

忽略未来发生冲突的
可能性，并且没有准备应对突
发事件的方案。

ANTI-PRINCIPLE

正向
原则

预判风险，
并做好应对冲突的方案。

PRINCIPLE

成功解决冲突后，开诚布公地讨论一下未
来可能遇到的问题。

人们很容易把冲突看作特殊情况，但事实并非如
此。冲突一直在发生。它是我们与周围世界在重叠、
交织和碰撞中所不断产生的摩擦。开诚布公地讨论如
何解决未来的冲突，将有助于防止不必要的冲突激化
或是破坏性结果。

我们要提高自己应对冲突的能力，想好遇到摩擦
时该采用什么样的对话方式，从而以一种建设性的方
式来处理新的冲突。在制订问题的解决方案时，我们
要讨论如果协议失效或计划有变时，该怎么处理。

👍 用简单的语言向别人表明你的想法：

"很高兴我们已经找到了解决问题的方法，我在想，如果未来出现了其他问题，我们要怎么做。或许，我们可以制订一个计划，如果发现问题要怎样提出来，以及要用怎样的方式去讨论。你觉得怎么样？"

明确讨论你打算如何提出问题。找出能够帮助你们成功解决冲突的最佳办法，并制订对应的行动计划。

　　也许有人会担心，提前预判未来可能发生的冲突会让本已经很紧张的局势变得愈加紧张。实际上恰恰相反，你需要指出未来发生冲突的可能性，并就处理冲突的方式与对方达成共识，从而制订行动计划，将冲突视为日常生活的一部分，甚至可能带来积极的作用。

你可以这么说：

1."如果你私下向我提这些问题，而不要当着别人的面提出来，我会更容易接受。"

2."如果你对我大喊大叫，我很难听进去。你能不能平复一下情绪，等到能好好说话时再说？你就说'现在不是时候'之类的话就好，这样我就知道了。"

3."我们约定一个手势或者别的什么动作，好让彼此知道我们当下的气氛有些紧张。"

4."我更喜欢让事情正式一些，我们选出几个代表怎么样？如果出现问题，就由他们来召开会议。"

5."如果你觉得要出现问题了，请马上告诉我，哪怕你觉得时机不太合适也没关系，我想知道。"

设想下面这个场景，

试着讨论如何处理未来可能出现的冲突。

　　你所在的社区的商店老板和一群喜欢在街上闲逛的年轻人之间的关系一直很紧张。你和那些年轻人一起去见了商店老板，大家就年轻人在商店门口可以举行什么样的活动达成了共识。不过，你认为如果出现新的问题，双方关系可能会再次变得紧张，而你又不希望让警察介入。

　　"好，现在这个计划看起来很不错。不过我们还是得商量一下，如果出现了别的问题，我们应该怎么办。这样大家就能一起好好解决问题，而不需要警察介入。你们觉得怎么样？

　　"我们应该怎么做才能更顺畅地沟通？"

IGNORE THE POSSIBILITY OF FUTURE CONFLICT

忽略未来发生冲突的可能性

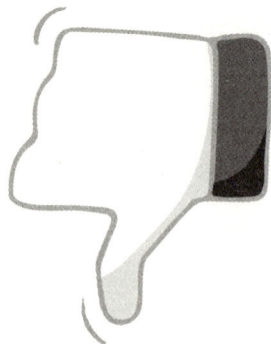

PLAN FOR FUTURE CONFLICT

做好预备方案应对未来的冲突

CONFLICT IS A PLACE OF POSSIBILITY.

冲突中充满各种可能性。

CHANGE THE CONVERSATION.

你可以选择改变你的沟通方式。

"沟通最大的问题是，人们想当然地以为已经沟通了。"

《解决冲突的关键技巧》是一本教你如何化解冲突，实现有效沟通的社交工具书。3大核心模块，17个沟通技巧，正反面情景示范规避雷区。

真正高明的沟通，不在说服的理由，而在说话的方式。

不吵架、不逃避、不当和事佬，复杂局面简单化，话说对了，事就成了。